Inhalt

Systeme für die moderne Lagerverwaltung

Kernthesen

Beitrag

Fallbeispiele

Weiterführende Literatur

Impressum

Systeme für die moderne Lagerverwaltung

I. Zeilhofer-Ficker

Kernthesen

- Ein effizientes Warenbestandsmanagement führt nicht nur zu einer niedrigeren Kapitalbindung und geringeren Kosten sondern trägt zusätzlich zur Optimierung des Kundenservices und der Produktionsprozesse bei.
- Eine Schlüsselrolle kommt der entsprechenden IT-Lösung zu.
- Für komplexe und hoch automatisierte Lager- und Warenwirtschaftsprozesse reicht die normale Unternehmens-ERP oft nicht aus.

- Eine Vielzahl von Warehouse Management Systemen sind auf branchen- oder unternehmensspezifische Anforderungen ausgerichtet, sodass sich für jede Lagerkonstellation die passende Softwarelösung finden lässt.
- Eine Revolution der gesamten Warenwirtschaft wird von der Einführung von RFID-Techniken erwartet.

Beitrag

Lagerverwaltung als Schlüsselfunktion

Auch heutzutage schlummern in zahlreichen Lagern noch riesige Kapitalreserven, die durch entsprechende Modernisierungs- und Optimierungsmaßnahmen freigesetzt werden könnten. Vor allem beim Mittelstand ist das Thema Lager oft tabu und statt mit moderner IT-Unterstützung wird nach wie vor mit Zetteln und Karteikarten gearbeitet. [(1)](), [(2)]()

Die Erkenntnis, dass eine moderne Lagerverwaltung nicht nur Kapital freisetzen, sondern auch der

Schlüssel zu einem umfassenden Kundenservice und zu optimierten Produktionsprozessen sein kann, setzt sich allerdings mehr und mehr durch und die Nachfrage nach Hard- und Software für das Lagermanagement steigt langsam an. Obwohl mittlerweile eine ganze Reihe von Lösungen speziell für kleine und mittelständische Betriebe am Markt sind, wird der größte Teil des 20 Milliarden Euro Umsatzes pro Jahr immer noch durch Aufträge von Großunternehmen erzielt. (1), (2)

Der Grund dafür könnte in der Notwendigkeit liegen, dass vor einer Lagermodernisierung alle Abläufe und Prozesse auf den Prüfstand gestellt werden müssen. Nur so können Rationalisierungs- und Optimierungspotenziale freigelegt werden. Klar definiert werden muss, welche Ziele durch das neue Lagermanagement erreicht werden sollen. Viele Mittelständler scheinen vor diesen Schritten zurückzuscheuen. (2)

Dabei sind Kapazitätserhöhungen im mehrstelligen Prozentbereich verbunden mit signifikanter Reduzierung des Personalbedarfs keine Seltenheit, wenn der Lagerbereich konsequent modernisiert wird. (1), (6)

Will man seine Warenbewirtschaftung verbessern, ist die erste Entscheidung dahingehend zu treffen, zu welchem Grad die Lagerfunktionen automatisiert werden sollen. Die Möglichkeiten der Lager-, Förder- und Transporttechnik sind mit vollautomatischen Regalbedienungsgeräten, fahrerlosen Transportsystemen, Kommissionierstaplern und vielen anderen Geräten vielfältig und müssen mit den örtlichen Gegebenheiten und finanziellen Möglichkeiten abgeglichen werden. (3), (4)

Die Warenkommissionierung, oft Fehlerquelle Nummer eins beim Warenversand, kann durch Barcode- und Scanner-Identifizierung wesentlich erleichtert werden. Mit modernen Pick-by-Light- oder Pick-by-Voice-Systemen ist eine Fehlerquote bei der Kommissionierung von nahezu Null erreichbar. (5)

Alle diese technischen Möglichkeiten lassen sich aber nur optimal nutzen, wenn mit einer modernen Warenwirtschafts-IT-Lösung die datentechnische Grundlage dafür gelegt ist.

IT-Lösungen für den Lagerbereich

Steht eine Modernisierung des Lagerverwaltungssystems an, sind erst einmal eine Menge von Fragen zu beantworten. In vielen Unternehmen dürfte das Standardmodul

"Lagerverwaltung" oder auch neudeutsch "Warehouse Management" der Unternehmens-ERP zur Durchführung der Lageraufgaben ausreichen. In den meisten Betrieben sind allerdings spezielle Anforderungen zu beachten, mit denen ein Standard-Modul schnell überfordert ist. Unbedingte Voraussetzung ist die Datenverarbeitung in Echtzeit, die durch viele ERP-Systeme mit Batchverarbeitung nicht gewährleistet werden kann. (7)

Bei Anforderungen wie Rückverfolgungssysteme für die Lebensmittelindustrie, Lagerungsvorschriften für Gefahrgüter oder auch die Gerätesteuerung bei hochautomatisierten Lagern stoßen konventionelle ERP-Systeme schnell an ihre Grenzen. (7), (8), (11)

Sehr hilfreich dürfte bei der Suche nach dem optimalen Warehouse Management System (WMS) die jährlich aktualisierte "Internationale Marktstudie Warehouse Management Systems" sein. Diese Studie des Dortmunder Fraunhofer Instituts für Materialfluss und Logistik und der IPL Consultants B.V. stellt über 70 Lagerverwaltungssysteme auf den Prüfstand. Mithilfe des dazugehörigen Internetportals erhält man nicht nur eine Liste aller Anbieter und Systeme, sondern kann auch durch Abarbeiten eines Fragenkataloges eine Liste mit passenden Softwareangeboten für seine spezielle Anwendung erhalten. (2), (9), (10), (www.warehouse-logistics.com)

Was muss ein Lagerverwaltungssystem können?

Egal ob die Lagerverwaltung direkt über die Firmen-ERP oder über ein eigenständiges System erfolgt, so kommt dem Datenaustausch mit der betriebswirtschaftlichen Software eine Schlüsselrolle zu. Denn nur wenn Auftragsdaten in Echtzeit im Warehouse Management System verfügbar sind, können auch kurzfristige Kundenanforderungen bedient werden. Ebenso müssen Warenbewegungen sofort in der ERP ersichtlich sein, damit Lieferzeitauskünfte an den Kunden die tatsächlichen Möglichkeiten berücksichtigen. Die Möglichkeit zur jederzeitigen Lagerbestandsanalyse muss ebenso gegeben sein wie die automatische Lagerplatzvergabe. Selbstverständlich muss die Verarbeitung von Scannerdaten aus Barcode-Etiketten sein, Pick-by-Voice bzw. Pick-by-Light sollte evtl. über eine Schnittstelle ermöglicht werden können. In diesem Zusammenhang müssen auch die Steuerungsmöglichkeiten für automatische Förder- und Regalbediengeräte berücksichtigt werden. (1), (11), (12)

Alle Bestandsdaten müssen mit Chargennummern

vorgehalten werden, damit ein konsequentes First-in-first-out (FIFO) gewährleistet werden kann. Diese Anforderung wird vor allem im Lebensmittelbereich immer wichtiger, wo die neueste Gesetzgebung eine lückenlose Rückverfolgbarkeit von allen Fertig-, Halbfertig- und Rohmaterialien vorschreibt. (2)

Fallbeispiele

Einen Überblick über die gängigsten Softwarelösungen für das Warenbestandsmanagement bietet die Internet-Plattform www.warehouse-logistics.com. Hier können mittels Fragenkatalog die für die Anwendung spezifischen Lösungen und Anbieter herausgefiltert werden. (9)

Das Lagerverwaltungssystem "ant" von SSI Schäfer Noell ist das informationstechnische "Herz" der neuen Logistiklösung von Huhtamaki, dem finnischen Weltmarktführer für Fastfood-Geschirr und Lebensmittelverpackungen. Das gesamte Prozessmanagement der Lagerverwaltung, der Warenein- und -ausgangsfunktionen, die Produktionsversorgung sowie die komplexen

Fördertechnik- und Sortiersysteme werden von "ant" gesteuert. (3)

Der Distributor Disc Direct hat seine Warenwirtschaft durch eine Anpassung des ERP-Systems Office Line 200 von Sage KHK verbessert. Dadurch können nun Bestellungen, die vor 18 Uhr eingehen, noch am gleichen Tag versandt werden. (12)

Die müga Werkzeugmaschinen GmbH nutzt für die Lagerverwaltung die ERP-Lösung Issos PRO von APS delta. Neben einer schnelleren und transparenteren Auftragsabwicklung konnten durch die erreichte Lageroptimierung Mietkosten für nicht mehr benötigte Lagerfläche eingespart werden. (13)

Die führenden deutschen Sektkellereien Rotkäppchen-Mumm lassen die gesamten Lager- und Logistikprozesse von der IHG Logistics durchführen. Diese setzt bei der Lagerverwaltung inklusive der Chargenrückverfolgung auf das Software-Tool Dilok 400. Online-Rückverfolgung ganztägig an sieben Tagen pro Woche soll als nächstes realisiert werden, aber auch die Implementierung von RFID wird bereits ins Auge gefasst. (19)

Mehrere dezentrale Lagerorte der Jos. L. Meyer Werft werden seit kurzem von der Lagerführungssoftware

LFS 400 von Erhardt + Partner verwaltet. Bis zu 120 000 unterschiedliche Artikel befinden sich in den verschiedenen Lagern, die zur Ausrüstung von Kreuzfahrtschiffen benötigt werden. Das Warehouse Management System verbindet hierzu das Stahllager mit Containerlager und Zentrallager und sorgt dafür, das die benötigten Teile rechtzeitig zum Einbau zur Verfügung stehen. (20)

Eine webbasierte Warenwirtschaft nutzen die Mitglieder des Einkaufsverbundes Katag (Textilhandel). Mithilfe der Software Fashion-net von Hiltes kann eine Filiale beispielsweise über Internet auf die Bestände des gesamten Betriebes zugreifen und so zur Vermeidung von Überbeständen beitragen. (15)

In einem RFID-Pilotprojekt konnte das englische Unternehmen Marks & Spencer die benötigte Datenerfassungszeit um 83 Prozent vermindern. Obwohl sich die Lieferbereitschaft verbesserte, konnten durch Einsatz von RFID auch die Mindestbestände um fast 20 Prozent reduziert werden. (17)

Weiterführende Literatur

(1) Mehr Tempo im Lager Wie Firmenchefs mit der

richtigen IT und besseren Lagertechnik ihre Materialwirtschaft auf Vordermann bringen.
aus Impulse vom 01.05.2004, Seite 84

(2) Einführung von Warehouse-Management stellt Mittelständler vor vielfältige Probleme – Ausweg: Vernetzung mit der Forschung Im Lager herrscht oft noch die Software-Steinzeit
aus Computer Zeitung, Heft 6, 2004, S. 16

(3) Materialflussoptimierung aus einer Hand
aus Distribution, Heft 2, 2004, S. 50

(4) Volle Fahrt voraus auch ohne Fahrer
aus Maschinenmarkt Logistik Nr. 02 vom 26.03.2004

(5) Alles im Fluss
aus Maschinenmarkt Logistik Nr. 01 vom 13.02.2004

(6) Nicht größer, aber besser - Lagermodernisierung
aus LOGISTIK HEUTE, Heft 1-2/2004, S. 14-17

(7) Mit flexibler Lagertechnik lassen sich Engpässe in automatisierten Lagern vermeiden Multi-Shuttle-Konzept bezwingt das Komplexitätsmonster Logistik
aus Industrieanzeiger, Heft 16, 2004, S. 100

(8) O. V., Komplexität bestimmt die Grenzen, DVZ, Nr. 046, 20.04.2004
aus Industrieanzeiger, Heft 16, 2004, S. 100

(9) Wer tummelt sich auf dem WMS-Markt? - Software

aus LOGISTIK HEUTE, Heft 1-2/2004, S. 47-48

(10) Wer setzt auf Software?
aus LOGISTIK HEUTE, Heft 3/2004, S. 36-37

(11) Programme für High-Performance - Anforderungsprofile an die optimale IT-Strategie für komplexe Materialfluss-Prozesse
aus materialfluss, Heft 3/2004, S. 16-17

(12) ENTERPRISE RESOURCE PLANNING: DISTRIBUTION IN ECHTZEIT Verkaufen wie ein Broker
aus IT Business, Heft 09/2004, S. 22

(13) Ersatzteileverkauf optimiert: EDV-gestützte Lagerverwaltung
aus mav maschinen anlagen verfahren, Heft 2, 2004, S. 64

(14) O. V., Moderne Lagertechnik ist gefragt, DVZ, Nr. 245, 17.04.2004
aus mav maschinen anlagen verfahren, Heft 2, 2004, S. 64

(15) Akkurate Vielfalt
aus Der Handel Nr.02 vom 11.02.2004 Seite 050

(16) Lagerprozesse im Fernzugriff
aus Maschinenmarkt Logistik Nr. 02 vom 26.03.2004

(17) Schöne neue Warenwelt Elektronische Etiketten verschaffen Unternehmen enorme

Rationalisierungschancen. Was mit Funkchips möglich ist.
aus Impulse vom 01.06.2004, Seite 68

(18) O. V., Hersteller müssen Business-Applikationen erst an die Datenfunktechnik anpassen - Funkchips überfordern die ERP-Software, Computerwoche, 14.05.2004, Nr. 20, S. 14 - 15
aus Impulse vom 01.06.2004, Seite 68

(19) Mit Rotkäppchen auf eine sichere Zukunft anstoßen
aus Lebensmittel Zeitung 20 vom 14.05.2004 Seite 064

(20) Warehousing für Luxusliner
aus LOGISTIK HEUTE, Heft 3/2004, S. 24-25

Impressum

Systeme für die moderne Lagerverwaltung

Bibliografische Information der deutschen Nationalbibliothek

Die Deutsche Nationalbibliothek verzeichnet diese Publikation in der deutschen Nationalbibliografie; detaillierte bibliografische Daten sind im Internet über http://dnb.d-nb.de abrufbar.

ISBN: 978-3-7379-1035-4

© 2015 GBI-Genios Deutsche Wirtschaftsdatenbank GmbH, Freischützstraße 96, 81927 München, www.genios.de

Alle Rechte vorbehalten. Dieses Werk ist einschließlich aller seiner Teile – z.B. Texte, Tabellen und Grafiken - urheberrechtlich geschützt. Jede Verwertung außerhalb der Grenzen des Urheberrechtsgesetzes bedarf der vorherigen Zustimmung des Verlags. Dies gilt insbesondere auch für auszugsweise Nachdrucke, fotomechanische Vervielfältigungen (Fotokopie/Mikroskopie), Übersetzungen, Auswertungen durch Datenbanken oder ähnliche Einrichtungen und die Einspeicherung und Verarbeitung in elektronischen Systemen.